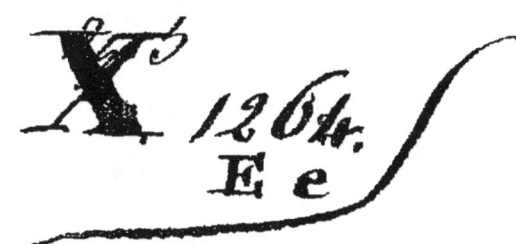

ABECEDAIRE
DES
PETITS ENFANS.

Souvenez-vous que, dans la vie,
Sans un peu de travail, on n'a point
de plaisir.   (*Fables de Florian*).

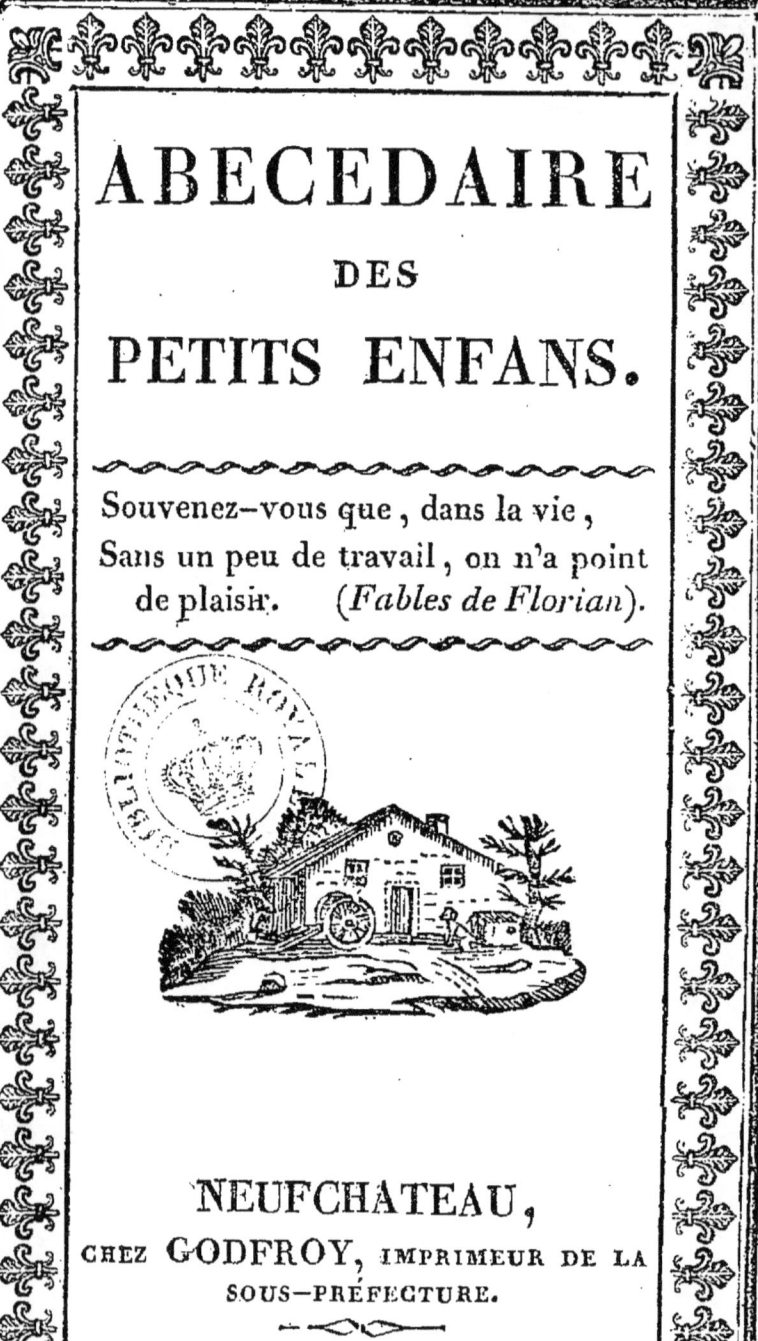

NEUFCHATEAU,
CHEZ GODFROY, IMPRIMEUR DE LA
SOUS-PRÉFECTURE.

1816.

Alphabet en Lettres capitales.

A	B	C
D	E	F
G	H	I
J	K	L
M	N	O

P	Q	R
S	T	U
V	X	Y
Z	Ç	. ,
É	È	Ê

Alphabet en Caractère Romain.

a b c d e
f g h i j
k l m n o
p q r s t
u v x y z.

Lettres doubles.

æ œ fi ffi ff
fl ffl W OE Æ.

Voyelles.

a e i o u et y.

Chiffres arabes.

1 2 3 4 5 6 7 8 9 0.

Alphabet en Caractère Italique.

a	b	c	d	e
f	g	h	i	j
k	l	m	n	o
p	q	r	s	t
u	v	x	y	z

Alphabet en Caractère d'Écriture.

COULÉE.

a	b	c	d	e
f	g	h	i	j
k	l	m	n	o
p	q	r	s	t
u	v	x	y	z

Alphabet en Caractère d'Écriture.

RONDE.

a   b   c   d   e

f   g   h   i   j

k   l   m   n   o

p   q   r   s   t

u   v   x   y   z.

Syllabes.

ba   be   bi   bo   bu
ca   ce   ci   co   cu
da   de   di   do   du
fa   fe   fi   fo   fu

ga	ge	gi	go	gu
ha	he	hi	ho	hu
ja	je	ji	jo	ju
ka	ke	ki	ko	ku
la	le	li	lo	lu
ma	me	mi	mo	mu
pa	pe	pi	po	pu
qua	que	qui	quo	qu
ra	re	ri	ro	ru
sa	se	si	so	su
ta	te	ti	to	tu
va	ve	vi	vo	vu
xa	xe	xi	xo	xu
za	ze	zi	zo	zu.

MOTS FACILES A ÉPELER,

ET OU SE TROUVENT

TOUTES LES CONSONNES.

Pa pa.	Ha bit.
Ma man.	Ki os ke.
A mi.	La lu ne.
Mon frè re.	Ni co las.
Jou jou.	Qua li té.
Cou teau.	Ra bot.
Jar din.	Sa la de.
Din don.	Ta bleau.
Ba lai.	Vi o lon.
Fa got.	Xa vier.
Gâ teau.	Zé ro.

PETITES PHRASES FACILES.

Dieu a tout fait; il punit les méchans; il récompense les bons.

Le feu brûle.

Les couteaux coupent.

Il faut aimer tout le monde.

Ne pas pleurer; être obéissant et propre; il ne faut pas faire de mal aux animaux.

Ne mangez pas trop.

Soyez doux; ne salissez pas vos habits.

Serrez vos joujoux pour les retrouver.

Soyez complaisant.

On se moque des petits ignorans.

On aime les petits savans; les paresseux meurent de faim quand ils sont vieux.

Les enfans aimables, gais et obéissans, sont toujours aimés, tandis qu'on ne peut souffrir ceux qui sont sournois, obstinés et méchans.

PETITES PHRASES
UN PEU PLUS LONGUES,
TIRÉES DE L'ÉCRITURE-SAINTE.

Enfans, obéissez à vos pères, à vos mères, en ce qui est selon le Seigneur, car cela est juste.

Honorez votre père et votre mère afin que vous soyez heureux et que vous viviez long-tems sur la terre.

Portez honneur et respect à ceux qui ont les cheveux blancs.

Vous aimerez le Seigneur votre Dieu, de tout votre cœur, de toute votre âme et de tout votre esprit.

Rien ne manque à ceux qui craignent le Seigneur.

Le juste est plus heureux avec le peu de bien qu'il possède, que les méchans avec leurs grands biens.

Vous aimerez votre prochain comme vous-même.

Traitez les autres comme vous voudriez en être traité.

La crainte du Seigneur est le commencement de la sagesse.

Écoutez avec docilité ce que l'on vous dit, afin de le bien comprendre et de donner une réponse sage et juste.

Instruisez-vous avant que de parler.

Mes enfans, ne parlez pas mal des uns et des autres : celui qui médit de son frère parle contre la loi.

Ne rendez à personne le mal pour le mal.

Celui qui ne veut point travailler, ne doit point manger.

L'homme est né pour le travail, comme l'oiseau pour voler.

Nous paroîtrons tous au tribunal de Dieu, et chacun rendra compte de ses actions.

DES VOYELLES LONGUES ET BRÈVES.

Les voyelles longues sont celles sur lesquelles on appuie plus long-tems que sur les autres en les prononçant.

Les voyelles brèves sont celles sur lesquelles on appuie moins long-tems; par exemple : *a* est long dans *pâte*, pour faire du pain; et il est bref dans *patte* d'animal.

e est long dans *tempête*, et il est bref dans *trompette*.

i est long dans *gîte*, et bref dans *petite*.

o est long dans *apôtre*, et bref dans *dévote*.

u est long dans *flûte*, et bref dans *butte*.

Des Accens.

Pour marquer les différentes sortes d'*e*, et les voyelles, on emploie trois petits signes que l'on appelle accens, savoir : l'accent aigu (′) qui se met sur les *e* fermés, comme *collé*, afin qu'on ne dise pas *colle*; et *pâté*, afin qu'on ne dise pas *pâte*.

L'accent grave (`) se met sur les *e* ouverts, comme dans *mère* et *misère*, qu'il faut prononcer comme s'il y avoit *maire*, *misaire*.

L'accent circonflèxe (^) se met sur les voyelles longues, comme dans *dôme*, *âme*, *côte*, etc.

Petit modèle de bonne conduite que doit imiter tout enfant qui veut se faire aimer de Dieu et de ses parens ; ou la Journée du petit Colin.

Aussitôt que Colin étoit éveillé, son premier soin étoit de joindre ses petites mains et de remercier Dieu de lui avoir fait passer une bonne nuit. Ensuite si son papa et sa maman étoient éveillés, il alloit leur souhaiter le bon jour et les embrasser. Quand il étoit habillé, débarbouillé et ses petites mains lavées (car il faut observer que Colin n'auroit pas déjeûné avec ses mains sales), il commençoit par faire sa prière accoutumée, qui étoit de remercier Dieu d'avoir conservé la santé à son papa et à sa maman, et le prier de lui faire la grâce de passer la journée sans les fâcher. Après son déjeûner, Colin prenoit son Abécédaire ; il alloit dans un petit coin pour ne pas être interrompu, et là il étudioit bien tranquillement la petite leçon qu'on lui avoit donné la veille, et qu'il ne quittoit pas sans la savoir : alors, bien content de lui, il alloit la répéter à sa maman, qui, pour récompense, l'embrassoit et lui permettoit de jouer jusqu'à l'heure du dîner. A dîner, Colin ne manquoit jamais de dire son *Benedicite* ; ensuite il mangeoit beaucoup de soupe, quoiqu'il ne l'aimât pas trop ; mais il savoit que cela lui faisoit du bien, que cela étoit raisonnable, et qu'il contentoit son papa et sa maman.

Après dîner, Colin remercioit Dieu de la nourriture qu'il lui avoit accordée ; il alloit laver ses petites mains, et venoit demander à sa maman la permission de jouer pendant une heure ; ensuite il venoit chercher sa petite leçon à étudier pour le lendemain. Colin, quoiqu'il fut bien petit, ne se seroit jamais couché, quelqu'envie de dormir qu'il eût, sans faire sa prière du soir, parce que son papa et sa maman, qui étoient d'honnêtes gens, lui avoient appris de bonne heure, que nous tenons tout de Dieu, et que c'est être bien ingrat que d'oublier de le remercier de tout le bien qu'il nous fait ; et le petit Colin disoit toujours après sa prière : Je vous remercie aussi, mon Dieu, de m'avoir donné un si bon papa et une si bonne maman. Cela étoit d'autant plus gentil, qu'on ne lui avoit pas appris cette petite prière. Il faut avouer que le petit Colin étoit bien récompensé d'une si bonne conduite ; car non-seulement il avoit le bonheur de se voir chéri de ses bons parens ; mais tout le monde l'aimoit, le caressoit, et le donnoit pour modèle aux autres enfans. Et tous ceux qui l'ont imité ont été aimés, chéris et fêtés comme lui. Lorsque Colin sut lire passablement, son papa, qui vouloit lui faire aimer la lecture, lui acheta, en différentes fois, les petits ouvrages les plus propres à l'amuser et à l'instruire.

SUR LE PRINTEMS.

Rien n'est plus admirable que les effets du Printems. Il y a quelques mois, la nature étoit privée de ses ornemens ; les animaux étoient tristes, les habitans des bois se taisoient; chaque vallée, chaque prairie, chaque forêt présentoit l'image de la mort. La vie a ranimé les corps engourdis. La douce clarté du soleil transporte et ravit l'âme, et l'activité de la nature dans les plantes qui nous entourent charment nos regards. Il n'est point de champ qui ne présente à l'œil un paysage enchanteur et des fleurs à l'odorat. Presque chaque oiseau chante son hymne avec plus ou moins de mélodie. Qu'il est gai, le chant de la fauvette, qui, voltigeant de branche en branche, ne se lasse point de faire entendre sa voix, comme si elle vouloit s'attirer de préférence l'attention de l'homme et le récréer par ses accens. La joyeuse alouette s'élève dans les airs, et semble saluer le jour et le Printems par ses sons gracieux. Tous les animaux expriment la joie dont ils se sentent animés.

Considérez les arbres : quelle foule de changemens s'y opèrent ! D'abord la sève qui, durant l'hiver, avoit entièrement abandonné le tronc et les branches, monte lentement dans ses tuyaux invisibles. Cette sève vient enfler les boutons ; et combien de richesses de la puissance divine ne sont pas renfermées dans ces petits réduits ! les feuilles, avec le verd riant qui les colore, les rameaux qui doivent percer entre ces feuilles une fois développées, de nouveaux boutons attachés à ces rameaux, et pleins de feuilles encore invisibles, puis cette multitude de fleurs avec les douces exhalaisons dont elles embaument l'air, dans ces fleurs des fruits, et dans les fruits la semence d'une infinité d'autres arbres.

Pouvons-nous contempler cet arbre couronné de feuilles, un champ couvert d'épis ondoyans, une prairie émaillée, une forêt majestueuse, sans rendre hommage à la puissance et à la bonté infinie de celui qui a donné la vie à toutes les créatures, qui nous couvre d'un délicieux ombrage, qui nous récrée par les parfums et par la beauté des fleurs, par la verdure des prairies et des bois, et qui pourvoit à notre subsistance par toutes les productions de la terre ?

Célébrons le Créateur ; chantons le père de la vie et de la lumière ! c'est en ramenant le Printems qu'il rajeunit la nature.

L'homme et les animaux, les prés, les bois, les champs, tout renaît, tout se sent animé d'une vie nouvelle.

La colombe quitte sa retraite pour voler

sur la plaine fleurie; le rossignol fait entendre des sons mélodieux et plaintifs, et ses tendres accens remplissent les côteaux, les vallons et les bois.

Ici la poule féconde guide, protège, et couvre de ses aîles la troupe faible et naissante que la nature lui confie. L'hirondelle a quitté son nid. Mais sa tendresse l'y rappelle : bientôt elle y revole, et porte à ses petits l'aliment désiré.

Le bled croit en abondance : le joyeux laboureur calcule avec ses fils les bénédictions que l'avenir lui prépare. L'homme plante : mais qui arrose ? c'est de ta bonté, père de la nature, que nous viennent et les rayons du soleil, et les pluies bienfaisantes.

Ta main créatrice a semé par-tout la vie et la beauté. Tu n'as manifesté ton pouvoir que par ta bienfaisance : le bonheur peut-il manquer à la créature ?

Célébrons le Créateur; chantons le père de la vie et de la lumière !

DE L'ÉTÉ.

L'ÉTÉ a des agrémens inexprimables, et nous donne journellement des preuves de la bonté infinie du Créateur. C'est l'heureuse saison où Dieu verse le plus abondamment sur nous ses bienfaits. La nature, après nous avoir ranimé par les plaisirs du Printems, s'occupe sans relâche, pendant l'Été, à nous procurer ce qui peut satisfaire nos sens, faciliter notre subsistance, remplir nos besoins, et réveiller dans nos cœurs des sentimens de reconnoissance.

Combien notre goût n'est-il pas flatté par ces fruits délicieux, qui, indépendamment du plaisir qu'ils causent, procurent à notre sang un rafraîchissement salutaire ! L'odorat est délicieusement affecté par les douces émanations qui s'exhalent de tous côtés. En un mot mille objets agréables viennent frapper nos sens et mettre la sensibilité en action. De nombreux troupeaux se nourrissent des profusions de la généreuse nature, et nous prodiguent un lait bienfaisant. Des arbres touffus et de rians bosquets nous couvrent de leur ombrage ; tout ce que nous voyons, tout ce que nous entendons, tout ce que le goût et l'odorat éprouvent, augmente nos plaisirs et contribue à notre félicité.

Heureux habitans des campagnes, jouissez des plaisirs dont vous êtes chaque jour environnés ! Et vous, que vos occupations retiennent dans les villes, allez, aussi souvent que vous le pourrez, vous délasser de vos travaux au sein de la belle nature. La douce lumière du soleil vous appelle dans les champs. C'est là qu'une joie pure vous est réservée. Allez dans le vallon fleuri chanter au Créateur l'hymne de la reconnoissance.

Bois touffus, vallées, et vous montagnes,

que l'Été pare de ses dons, votre aspect récrée les sens et le cœur. Vos attraits ne doivent rien à l'art, et ils effacent la parure des jardins.

Le grain mûrit et invitera bientôt le laboureur à y porter la faux. Les arbres couronnés de feuilles ombragent les collines et les campagnes. Les oiseaux jouissent de leur existence, ils chantent leurs plaisirs, leurs accens n'expriment que joie ou tendresse.

Chaque année voit renouveller les trésors du paisible cultivateur; la liberté et le sentiment du bonheur brillent dans ses regards sereins. Ni l'odieuse calomnie, ni l'orgueil et les noirs soucis, dont l'habitant des villes n'est que trop souvent l'esclave, ne viennent troubler le repos de ses mains, ni peser comme un fardeau sur ses nuits.

Aucun lien ne peut empêcher le sage qui aime à exercer ses sens et sa raison, de goûter quelquefois les plaisirs qu'on trouve au sein des campagnes. Là de riches pacages, des prairies couvertes de rosées, et les rians tableaux qu'offre de toutes parts la nature, remplissent son âme d'une douce joie, et l'élèvent à son Créateur.

PRIÈRES DU MATIN.

Mon Dieu, je vous donne mon cœur, prenez-le, s'il vous plaît ; et faites, par votre grâce, que nulle créature ne le possède que vous seul.

L'Oraison Dominicale.

No—tre Pè—re, qui ê—tes dans les Ci—eux, que vo—tre nom soit sanc—ti—fié. Que vo—tre rè—gne ar—ri—ve. Que vo—tre vo—lon—té soit fai—te en la ter—re com—me au Ci—el. Don—nez nous au—jour—d'hui no—tre pain de cha—que jour. Et par—don—nez nous nos of—fen—ses, com—me nous les par—don—nons à ceux qui nous ont of—fen—sés. Et ne nous a—ban—don—nez point à la ten—ta—tion ; mais dé—li—vrez—nous du mal. Ain—si soit—il.

La Salutation Angélique.

Je vous sa—lue, Ma—rie, plei—ne de grâ—ces, le Sei—gneur est a—vec vous ; vous fû—tes bé—nie en—tre tou—tes les fem—mes, et Jé—sus, le fruit de vos en—trail—les, est bé—ni.

Sain—te Ma—rie, mè—re de Dieu, pri—ez pour nous, Pau—vres pé—cheurs, main—te—nant et à l'heu—re de no—tre mort, Ain—si soit—il.

Acte de Foi.

Mon Dieu, je crois fermement tout ce que

votre sainte Église Catholique croit ; parce que c'est vous, ô Vérité infaillible, qui l'avez dit.

Acte d'Espérance.

Mon Dieu, j'espère le pardon de mes péchés et mon salut, par votre miséricorde et par les mérites infinis de notre Seigneur Jésus-Christ notre Sauveur.

Notre Père, etc.

Acte de Charité.

Mon Dieu, faites-moi la grâce de vous aimer de tout mon cœur, de toute mon âme, de toute mes forces, et mon prochain comme moi-même, pour l'amour de vous.

PRIÈRES DU SOIR.

Nous vous supplions, Seigneur, de visiter cette demeure, et d'en éloigner toutes les embûches du démon ; que vos saints Anges y habitent, pour nous y conserver en paix, et que votre bénédiction demeure toujours sur nous ; par Jésus-Christ notre Seigneur. Ainsi soit-il.

Le Symbole des Apôtres.

Je crois en Dieu, le Père Tout-Puissant, Créateur du Ciel et de la Terre. Et en Jésus-Christ son Fils unique, notre Seigneur. Qui a été conçu du Saint-Esprit, et est né de la Vierge Marie. Qui a souffert sous Ponce Pilate, a été crucifié, est mort, a été enseveli. Qui est descendu aux enfers, et le troisième jour est ressuscité des morts. Qui est monté aux Cieux, et est assis à la droite de Dieu, le Père Tout-Puissant. Et qui de là viendra juger les vivans et les morts.

Je crois au Saint-Esprit; la sainte Eglise catholique; la communion des Saints; la rémission des péchés; la résurrection de la chair; la vie éternelle. Ainsi soit-il.

La Confession des péchés.

Je me confesse à Dieu Tout-Puissant, à la bienheureuse Marie, toujours Vierge, à saint Michel Archange, à saint Jean-Baptiste, aux Apôtres, saint Pierre et saint Paul, et à tous les Saints; parce que j'ai beaucoup péché par pensées, par paroles et par actions. J'ai péché par ma faute, par ma faute, par ma très-grande faute. C'est pourquoi je supplie la bienheureuse Marie toujours Vierge, saint Michel Archange, saint Jean-Baptiste, les Apôtres saint Pierre et saint Paul, et tous les Saints, de prier pour moi le Seigneur notre Dieu.

Prière pour les vivans et pour les morts.

Répandez, Seigneur, vos bénédictions sur mes parens, mes bienfaiteurs, mes amis et mes ennemis. Protégez tous ceux que vous m'avez donné pour maîtres, tant spirituels, que temporels; secourez les pauvres, les prisonniers, les affligés, les voyageurs, les malades et les agonisans.

Prière avant le repas.

Que la main de Jésus-Christ nous bénisse, et la nourriture que nous allons prendre.
Au nom du Père, etc.

Prière après le repas.

Nous vous rendons grâces pour tous vos bienfaits, et principalement pour la nourriture que vous venez de nous donner, ô Dieu Tout-Puissant, qui vivez et régnez dans tous les siècles des siècles. Ainsi soit-il.

TABLEAU DES CHIFFRES.

	Chiffres Arabes.	Chiffres Romains.
Un	1	I.
Deux	2	II.
Trois	3	III.
Quatre	4	IV.
Cinq	5	V.
Six	6	VI.
Sept	7	VII.
Huit	8	VIII.
Neuf	9	IX.
Dix	10	X.

	Chiffres Arabes.	Chiffres Romains.
Onze	11	XI.
Douze	12	XII.
Treize	13	XIII.
Quatorze	14	XIV.
Quinze	15	XV.
Seize	16	XVI.
Dix—sept	17	XVII.
Dix-huit	18	XVIII.
Dix-neuf	19	XIX.
Vingt	20	XX.
Vingt-un	21	XXI.
Vingt-deux	22	XXII.
Vingt-trois	23	XXIII.
Vingt-quatre	24	XXIV.
Vingt-cinq	25	XXV.
Vingt-six	26	XXVI.
Vingt-sept	27	XXVII.
Vingt-huit	28	XXVIII.
Vingt-neuf	29	XXIX.
Trente	30	XXX.
Quarante	40	XL.
Cinquante	50	L.
Soixante	60	LX.
Soixante-dix	70	LXX.
Quatre-vingts	80	LXXX.
Quatre-vingt-dix	90	XC.
Cent	100	C.
Quatre cents	400	CD.
Cinq cents	500	D.
Mille	1000	M.

Abécédaire.

DE L'ÉCRITURE.

(Deux choses sont indispensables pour bien écrire, et nous ne saurions trop les recommander aux enfans; c'est la bonne position du corps, et la tenue de la plume.)

De la position du Corps.

Pour écrire aisément et avec grâce, il est nécessaire que le siège et la table soient disposés de manière qu'étant assis, les coudes se posent aisément sur la table. Le corps doit être placé droit devant la table, sans que l'estomac y touche; le siège doit porter tout le poids du corps; de sorte que les deux avant-bras posent légèrement sur la table, observant de ne point renverser le corps à gauche ou à droite. Le poignet doit être un peu élevé; de sorte qu'il y ait un peu de jour sous la main, qui doit être entièrement supportée pas l'auriculaire et l'annulaire, c'est-à-dire, par le petit doigt et le doigt suivant. L'auriculaire doit être entièrement placé sous l'annulaire; ils seront dans cette position, et dans leur extrémité, séparés des autres d'un travers de doigt ou environ, et leur pointe doit être un peu en arrière de la première phalange du pouce; de façon qu'ils puissent glisser avec facilité. La régularité et la vîtesse de l'écriture dépendent en grande partie de la bonne situation de ces deux doigts, qui doivent continuellement soutenir la main; en sorte qu'elle n'incline ni à droite ni à gauche, pour que les effets de la plume soient toujours uniformes.

Toutes les situations devant être libres et naturelles, la disposition des bras détermine celle des jambes, c'est-à-dire, que pour écrire sans gêne ni contrainte, en donnant au corps toute la force de l'équilibre, il faut que la jambe gauche soit placée en avant, et la droite un peu en arrière sous la table, l'une ou l'autre sans être croisée, les pieds dans leur situation naturelle.

De la manière de tenir la Plume.

On doit tenir la plume avec le pouce et le doigt majeur (celui du milieu de la main); ce dernier doit être tenu allongé, sans roideur; l'index (le doigt voisin du pouce) doit être allongé comme le doigt majeur, et posé légèrement sur la plume. Le pouce doit être plié, de sorte que son extrémité se trouve vis-à-vis le milieu de la première phalange de l'index. On doit observer de ne point trop serrer la plume, cette habitude est très-mauvaise, en ce qu'elle empêche la flexibilité du pouce, contribue beaucoup à rendre l'écriture lente, dure et pesante.

IDÉE DE L'UNIVERS,

Ou petit tableau des premières connoissances qui doivent précéder et faciliter l'étude de la Géographie et de l'Histoire.

PREMIÈRE LEÇON.

On appelle Univers tout ce qui existe, c'est-à-dire, tout ce que nous voyons et ce que nous ne pouvons voir, le ciel, les étoiles, le soleil, la lune, la terre, et tous les êtres qui l'habitent. L'Univers est l'ouvrage de Dieu. Il l'a fait ou créé en six jours. Le premier jour il a créé la lumière ou le soleil; le second jour il a fait le ciel; le troisième jour il a créé la terre que nous habitons; le quatrième jour il a fait la lune, les étoiles et tous ces astres lumineux et brillans que nous voyons au ciel pendant la nuit; le cinquième jour il a créé tous les animaux qui sont sur la terre, dans les eaux et dans les airs; et le sixième et dernier jour, Dieu a créé l'homme et la femme qui sont les êtres les plus parfaits, lorsqu'ils observent la loi du Seigneur, qui leur commande d'être bons, justes, travailleurs, économes et reconnoissans envers Dieu pour tous les biens qu'ils en reçoivent.

IIe LEÇON.

De tout ce qui compose l'Univers, c'est la terre qui nous est le plus nécessaire de connôtre, parce que nous l'habitons. La terre est une grosse et énorme boule; elle est divisée ou partagée en deux parties, l'une qu'on nomme le Continent, qui est la terre sur laquelle nous marchons; et l'autre qu'on nomme la Mer, qui est ce grand amas d'eau sur lequel vont les vaisseaux.

IIIe LEÇON.

La terre, qu'on nomme aussi le Continent, est divisée ou partagée en quatre grandes parties qu'on appelle les quatre parties du monde. La première, qui est celle que nous habitons, se nomme Europe; c'est pourquoi on nous appelle Européens. La seconde partie se nomme Asie; on appelle Asiatiques ceux qui l'habitent. La troisième partie se nomme Afrique; on appelle ses habitans Africains. La quatrième et dernière partie se nomme Amérique; c'est pourquoi on appelle ses habitans Américains.

IVe LEÇON.

Europe.

L'Europe, qui est la plus petite des quatre parties du monde, est appelée la première, à cause qu'elle est plus habitée que les autres, et que ses habitans sont généralement plus doux, plus polis et plus instruits que ceux des trois autres parties du monde.

L'EUROPE, cette partie de la terre, est elle-même partagée en beaucoup de parties plus ou moins grandes, qu'on appelle Empires, Royaumes et Républiques.

Ve LEÇON.

On appelle Empire, une partie de terre ou pays, qui est gouvernée par un chef qu'on nomme Empereur. On appelle Royaume un pays où le chef est appelé Roi; et on nomme République un pays gouverné par plusieurs hommes, qu'on nomme ordinairement Sénateurs.

VIe LEÇON.

J'ai dit plus haut que la terre est partagée en quatre parties nommées EUROPE, ASIE, AFRIQUE et AMÉRIQUE; que l'Europe est la partie que nous habitons, et que cette première partie est elle-même partagée en plusieurs pays plus ou moins grands, nommés Empires, Royaumes et Républiques. Ces pays ont chacun leur nom pour les disinguer; comme l'Empire d'Allemagne, l'Empire de Russie; les Royaumes de France, d'Italie, des Deux-Siciles, d'Angleterre, de Prusse; celui de Suède, d'Espagne, etc., etc. La République Helvétique, etc.

De tous ces pays, nous habitons le meilleur, qu'on nomme le Royaume de France.

VIIe LEÇON.

De la Géographie.

On appelle Géographie la description du

monde. On apprend la Géographie pour connoître 1° la position, la grandeur et la population des quatre parties du monde; 2° le nombre et les noms des Empires, Royaumes et Républiques qu'elles renferment; 3° le nombre de villes et d'habitans qui composent chaque gouvernement; 4° les descriptions des habitans, c'est-à-dire, s'ils sont grands ou petits, blancs, noirs ou jaunes, bons ou méchans, savans ou ignorans, etc., etc.

VIIIe LEÇON,

De l'Histoire.

L'Histoire est le récit véritable des évènemens passés. On apprend l'Histoire pour savoir : 1° comment le monde a été créé; 2° comment se sont formés les Empires, Royaumes et Républiques; 3° et enfin, ce qui s'est passé de remarquable dans chaque Empire, Royaume et République, depuis leur établissement.

PETITES LEÇONS D'ARITHMÉTIQUE.

Pour bien compter, il faut connoître les chiffres et les quatre règles fondamentales du calcul, qui sont : l'Addition, la Soustraction, la Multiplication et la Division.

Il y a dix chiffres dont voici les noms :

1	2	3	4	5
un	deux	trois	quatre	cinq
6	7	8	9	0.
six	sept	huit	neuf	zéro.

Première règle. L'ADDITION.

Additionner, veut dire assembler. — Si l'on te donnoit d'abord une prune, ensuite trois prunes, et après deux prunes, et qu'on te demandât combien tu as de prunes ; voici comment il faudroit les poser pour en faire l'addition.

Reçu la première fois,   1 prune.
La seconde fois,   3 prunes.
Et la troisième fois,   2 prunes.

        Total. . . . . . 6 prunes.

Pour les additionner, tu diras 1 et 3 font 4, 4 et 2 font 6.

Seconde règle. LA SOUSTRACTION.

Soustraire, veut dire ôter. — Si des 6 prunes qu'on t'a données, on t'en ôtoit 2, combien t'en resteroit-il ? Voilà comment il faut faire pour le savoir :

Tu diras : on m'a donné 6 prunes
on m'en ôte 2. Qui de 6, ôte 2,
reste. . . 4.

Troisième règle. LA MULTIPLICATION.

Multiplier, veut dire augmenter. — Si vous étiez trois enfans, et qu'on voulût vous donner à chacun 4 prunes pour déjeûner, combien en faudroit-il ? Pour le savoir, tu diras :

à 3 enfans
donner 4 prunes.

Il en faut 12, parce que 3 fois 4 prunes font 12 prunes.

Quatrième règle. LA DIVISION.

Diviser, veut dire partager. — Si, quand les 12 prunes ont été apportées, il étoit venu un petit camarade déjeûner, il auroit bien fallu partager aussi ces 12 prunes avec lui, et alors vous n'auriez pu en avoir chacun 4. Combien donc, en partageant les 12 prunes entre quatre enfans, chacun en auroit-il eu ? Pour le savoir, il faut dire 12 { divisé par 4
donne 3

Parce qu'en 12 il y a 3 fois 4.

TABLE pour faciliter la MULTIPLICATION.

2	fois	2	font	4	5 fois 10 font 50
2		3		6	5 11 55
2		4		8	5 12 60
2		5		10	
2		6		12	6 fois 6 font 36
2		7		14	6 7 42
2		8		16	6 8 48
2		9		18	6 9 54
2		10		20	6 10 60
2		11		22	6 11 66
2		12		24	6 12 72
3	fois	3	font	9	7 fois 7 font 49
3		4		12	7 8 56
3		5		15	7 9 63
3		6		18	7 10 70
3		7		21	7 11 77
3		8		24	7 12 84
3		9		27	
3		10		30	8 fois 8 font 64
3		11		33	8 9 72
3		12		36	8 10 80
					8 11 88
4	fois	4	font	16	8 12 96
4		5		20	
4		6		24	9 fois 9 font 81
4		7		28	9 10 90
4		8		32	9 11 99
4		9		36	9 12 108
4		10		40	
4		11		44	10 fois 10 font 100
4		12		48	10 11 110
					10 12 120
5	fois	5	font	25	
5		6		30	11 fois 11 font 121
5		7		35	11 12 132
5		8		40	
5		9		45	12 fois 12 font 144

FIN.

EXTRAIT

du Catalogue des Livres qui se trouvent chez GODFROY, Imprimeur-Libraire, à Neufchâteau (Vosges).

Ange Conducteur. Bible de Royaumont, ou Histoire de l'ancien et du nouveau Testament. Bon Paroissien, avec un abrégé de la vie des Saints. Conduite de l'Avent. Epîtres et Evangiles pour tous les jours de l'année, avec des Réflexions. Heures de la Congrégation. Heures Nouvelles. Heures Royales. Instructions des Jeunes-Gens. Paroissien Romain, latin et français. Paroissien Romain, tout latin. Paroissien à l'usage du Diocèse de Nancy, latin. Pensées sur les vérités de la Religion, et les principaux devoirs du Christianisme. Psautier. Demi-Psautier. Catéchisme du Diocèse de Nancy. Catéchisme historique. Abrégé de la Grammaire de Wailly. *Idem* de Lhomond. Elémens d'Histoire. *Idem* de Sphère. Vie et Office de Saint Elophe, *fig.* Stations du chemin de la Croix, ornées de 16 *figures*. A, B, C français. *Idem* latin. Association de Notre-Dame Auxiliatrice. Cantiques spirituels. Heures et Instructions chrétiennes. Histoire de Judith. *Idem* de Joseph. L'Enfant prodigue. Juif-Errant. La Civilité chrétienne. La bonne Journée. Manuel de dévotion. Maximes chrétiennes et Règles de vie pour les Jeunes-Gens. Miroir du Pécheur, orné de *figures*. Notre-Dame des Hermites. Noëls français. Noëls français et patois. Pratique pour se conserver en la présence de Dieu. *Idem* pour se préparer à la mort. Vie de sainte Geneviève. *Idem* de Notre-Seigneur Jésus-Christ, avec *figures*. *Idem* de sainte Anne. *Idem* de sainte Reine, ornée de 11 *figures*. *Idem* de saint Alexis. *Idem* de saint Hubert. *Idem* de sainte Marguerite. Visite au saint Sacrement de l'Autel. La Clef du Paradis. Pratique pour adorer le saint Suaire. Notre-Dame de Liesse. Etrennes des enfans et des adolescens, ou Recueil de

www.ingramcontent.com/pod-product-compliance
Lightning Source LLC
Chambersburg PA
CBHW061016050426
42453CB00009B/1462